Ln. 15780.

NOTICE
BIOGRAPHIQUE

Sur M. ANTOINE-AUGUSTIN PARMENTIER, *membre de l'Institut et de la Société d'Agriculture de Paris, etc.*

PAR A.-F. SILVESTRE,

Membre de l'Institut, et Secrétaire perpétuel de la Société d'Agriculture.

Lue à la Séance publique de la Société d'Agriculture, le 9 avril 1815.

MESSIEURS,

DÈS 1793, l'éloge de *Parmentier* avoit été prononcé devant une nombreuse assemblée, et déjà, depuis sa mort, sept notices biographiques ont été lues publiquement dans différentes circonstances ; chacune des Sociétés auxquelles ce savant avoit appartenu a voulu payer un tribut de regrets à sa mémoire. Toutes ces notices biographiques ont été rédigées par des hommes dignes de faire apprécier le mérite et les travaux du philanthrope estimable qui est l'objet de notre juste douleur ;

la dernière notamment peut être considérée comme un éloge complet, et la main habile qui l'a tracée, a épuisé le riche sujet qu'elle avoit à traiter.

Vous connoissez ces divers écrits, Messieurs; pendant la vie de *Parmentier*, vous avez lu avec empressement ses ouvrages et vous avez été les témoins et les compagnons assidus d'une grande partie de ses travaux. Néanmoins, en vous retraçant aujourd'hui des détails qui vous sont familiers, en vous redisant combien *Parmentier* a été utile à son pays et à l'économie rurale, je dois compter sur votre intérêt; vous aimerez à entendre retracer une conduite qui a déjà obtenu des témoignages nombreux de votre estime, et que vous regarderez comme un modèle. Le livre des bonnes actions est un recueil sur lequel les gens de bien aiment à méditer souvent; on y trouve toujours avec un nouveau plaisir de bons exemples, de précieux souvenirs et d'heureuses inspirations; c'est à-peu-près ainsi, ce me semble, qu'on relit pour la centième fois ces ouvrages classiques, qui sont le fondement et la gloire de la saine littérature; ils ont fait l'objet des études de notre jeunesse, ils ont été notre consolation dans un âge plus avancé, et toujours leur lecture nous attache par les pensées qu'elle nous retrace, ou par les sentimens qu'elle fait naître en nous.

Antoine-Augustin Parmentier, né à Montdidier, le 17 août 1737, appartenoit à une famille honorable, mais peu fortunée; son aïeul avoit été maire de la ville; son père étoit un militaire distingué, qu'il eut le malheur de perdre dès son bas âge; mais il lui restoit une mère qui s'étoit préparée, par des études particulières, à faire dignement l'éducation dont elle vouloit prendre le noble fardeau, et ce fut d'el' d'un ecclésiastique respectable, ami de son père, que *Parmentier* reçut les premiers élémens des belles-lettres, et des principes de conduite tels, qu'ils influèrent notablement sur sa vie toute entière. Une respectueuse déférence pour les conseils de sa mère le garantit toujours des dangers auxquels il sembloit qu'une forte constitution, un caractère ardent et le séjour prématuré de Paris, dussent exposer son adolescence.

La médiocrité de sa fortune le força d'exercer de bonne heure une profession; il choisit celle de pharmacien, et se distingua bientôt tellement dans cette carrière par son assiduité et par des dispositions peu communes, que, dès l'âge de dix-huit ans, il fut appelé à Paris pour être attaché à l'une des premières pharmacies de la capitale. Deux ans après il partit pour l'armée; son zèle et ses talens y furent remarqués par le célèbre *Bayen*, qui jugea que *Parmentier* seul pourroit le remplacer. Il régnoit alors une épidémie cruelle dans les hôpitaux; *Parmentier* ne se ménageoit pas; son dévouement pour le service, l'abnégation qu'il faisoit de lui-même, n'avoient point de bornes; cinq fois dans cette guerre il fut fait prisonnier et complètement dépouillé : « il ne connoissoit » pas, disoit-il, de plus habiles valets de chambre » que les hussards prussiens. »

Il sut tirer parti de sa captivité pour le bien-être de son pays; tantôt chez le savant *Meyer*, dont il avoit su gagner l'amitié et la confiance, il puisoit des connoissances dont il a depuis enrichi nos arts chimiques; tantôt resserré dans une étroite prison et nourri seulement de pommes de terre, il formoit le projet de multiplier en France ce précieux comestible, dont la propagation doit tant de succès à sa persévérance.

Dès cette époque, *Parmentier* auroit pu trouver une existence assurée loin de sa patrie; il pouvoit épouser la fille de *Meyer* et succéder à cet homme célèbre; depuis, il auroit pu d'après les sollicitations de *d'Alembert*, remplacer *Margraff* auprès du Grand Frédéric; il résista à ces propositions flatteuses; il préféra pour son état, une place modeste dans son pays, à la fortune et aux honneurs que l'étranger lui promettoit; il aima mieux, pour ses occupations habituelles, travailler à la multiplication de nos substances alimentaires les plus communes, au perfectionnement de nos arts économiques les plus vulgaires, que de chercher une gloire plus brillante, plus facile peut-être, à acquérir, dans les travaux de chimie transcendante qui avoient illustré les deux savans auxquels on lui proposoit de succéder.

Il revint à Paris en 1763, et obtint, dans un concours public, la place de pharmacien des Invalides. Les dispositions pour ce service qui attribuoient à des sœurs de charité le soin de fabriquer et de distribuer les médicamens aux malades de cette maison, laissèrent à *Parmentier* le temps de se préparer, par de nombreuses recherches et par des expériences multipliées, à la rédaction des ouvrages importans qu'il devoit publier. En 1771, il remporta un prix que l'académie de Besançon avoit proposé sur cette question : *Quels sont les végétaux nourrissans qui, dans les temps de disette*, *peuvent remplacer les alimens ordinaires*? Ce mémoire offre des détails très-intéressans sur la culture des diverses préparations des grains et des racines, qui, sans être comparables au froment, notre aliment par excellence, peuvent présenter une nourriture capable de faire supporter plus patiemment les disettes. Parmi ces plantes, les pommes de terre, auxquelles le nom de *parmentières* a été si heureusement assigné, avoient fixé son attention; déjà cette plante précieuse, cultivée en grand dans un pays voisin de la France, avoit éminemment influé sur sa population et sur son commerce; déjà les pommes de terre couvroient de vastes champs en Angleterre, en Italie et en Allemagne, tandis qu'elles étoient à peine introduites dans la petite culture de quelques-unes de nos provinces, et qu'on s'attachoit, par des efforts multipliés, à les repousser de notre sol. En vain la Faculté de Médecine répondoit de leur salubrité; il falloit les travaux et la persévérance de *Parmentier* pour détruire la malveillance et pour confondre l'erreur. Dans plusieurs mémoires successifs, il a exposé l'analyse chimique de cette racine et ses produits avantageux; il a prouvé que, loin de contenir un principe malfaisant, les pommes de terre étoient un des alimens les plus salubres; que, par leur abondance et la facilité de leur culture, elles étoient une ressource certaine pour le pauvre cultivateur; qu'elles étoient une source de prospérité pour la France, dont elles assuroient invariablement la subsistance et le commerce naturel d'exportation, celui des grains, qu'elle peut et doit toujours chercher à faire avec l'étranger.

L'honorable récompense que *Parmentier* reçut à cette occasion, l'encouragea à produire de nouveaux ouvrages. En 1773, il publia dans ses Additions aux Récréations chimiques de *Model*, dont il donna la traduction, et dans les notes qu'il ajouta à la Chimie hydraulique de *la Garaye*, ses vues et le résultat de ses expériences sur les champignons et sur celles de nos plantes indigènes qui peuvent fournir une fécule bleue comparable à l'indigo.

En 1774, il fit un voyage dans plusieurs parties de la France pour reconnoître les causes de la mauvaise qualité du pain; il vit que ce défaut tenoit au peu de soins accordés à la préparation des grains destinés à la mouture, et particulièrement aux procédés employés pour pratiquer cette opération. Il propagea dès-lors la monture économique, dont il prouva que l'emploi augmentoit d'un sixième le produit de la farine; son *Avis aux bonnes Ménagères sur l'art de faire le Pain*, et son *Traité sur la perfectibilité de la Meunerie et de la Boulangerie*, ont apporté des changemens remarquables dans les anciennes pratiques. Bientôt après il publia, sous le titre de *Parfait Boulanger*, un ouvrage que l'on peut regarder comme classique.

En 1775, il rédigea, sur les maladies des grains, un traité qui étoit le résultat d'un grand nombre d'observations; cette même année il se crut obligé de réfuter l'auteur des *Annales Politiques*, qui avoit voulu prouver que les eaux de la Seine étoient insalubres, et *que le pain étoit le plus dangereux de nos alimens; qu'il étoit un poison lent, résultat d'un présent fait par la nature dans sa colère.* Il n'est pas toujours inutile de combattre des absurdités et de répondre à des sottises; le temps et la réflexion auroient sans doute fait apprécier à leur valeur ces assertions de *Linguet*, qui avoient excité une inquiétude momentanée; mais *Parmentier*, par sa réfutation, accéléra ce moment, et prouva, par des expériences ingénieuses et multipliées, la salubrité et l'excellence de ces deux alimens. Il publia en 1778 une analyse des blés et des farines; en 1779, un procédé pour faire du biscuit de mer avec la pomme de terre sans aucun mélange de farine; en 1780, des mémoires sur l'analyse des eaux minérales, un traité sur la châtaigne et sur toutes les préparations dont ce fruit est susceptible; en 1781, des mémoires sur la préférence qu'il est convenable de donner au commerce des farines sur celui des grains; sur la meilleure méthode de conserver les grains et farines, et sur l'amidon de pommes de terre, considéré comme moyen de suppléer le sagou, le salep, et plusieurs autres fécules amilacées qui sont d'un prix assez considérable dans le commerce.

Parmentier a publié en 1782 un traité sur les moyens de prévenir les disettes; en 1783, un mémoire sur la culture et les usages de la patate; en 1784, un traité sur le maïs, avec lequel il avoit remporté un prix proposé par l'Académie de Bordeaux; en 1785, et d'après l'invitation des États de Languedoc, un ouvrage très-étendu sur les avantages que la province pouvoit retirer de ses grains, et sur les moyens de suppléer à la disette des fourrages, et d'augmenter la subsistance des bestiaux. Depuis 1786 il publia son grand traité sur la culture et les usages de la pomme de terre, de la patate et des topinambours, un ouvrage sur la culture en grand des plantes potagères, et, avec M. *Deyeux*, des mémoires très-importans sur l'analyse du sang et sur celle des différentes espèces de lait.

Lorsqu'on examine la multitude de bons écrits rédigés par *Parmentier*, on pourroit croire qu'il passoit sa vie dans son cabinet, et que la théorie seule guidoit sa plume; mais chacun de ses ouvrages étoit l'objet d'un grand nombre de recherches et d'expériences faites sur le terrain même; il ne perdoit pas de vue le projet qu'il avoit conçu dans sa prison en Allemagne, d'enrichir la France de la culture en grand de la pomme de terre, et il donnoit des soins constans à son exécution; depuis long-temps il cultivoit comparativement un assez grand nombre d'espèces et de variétés de cette racine, à l'effet de reconnoître celles qui convenoient le mieux à notre climat, aux différentes natures de sol, et celles qui fournissoient le plus grand volume de matière nutritive pour les hommes et pour les animaux; il parloit sans cesse des intéressans résultats qu'il obtenoit, et des espérances éloignées qu'ils lui faisoient concevoir. Déjà il avoit obtenu des Ministres que des échantillons des diverses espèces de pommes de terre seroient envoyés à MM. les intendans des provinces, et déjà des succès avoient couronné par-tout les tentatives que ces magistrats avoient ordonnées. *Parmentier* pensa que le moment étoit venu d'agir d'une manière plus puissante sur l'esprit public; il obtint la permission de faire une grande expérience sur la plaine des Sablons. Paris étonné vit, pour la première fois, la charrue sillonner 54 arpens d'un sol qui, par sa mauvaise qualité, avoit été condamné à une stérilité immémoriale; il vit bientôt ce même sol couvert de verdure et de fleurs, et enfin produire abondamment ces racines précieuses que *Parmentier* vouloit nous forcer à accepter.

Aucune précaution ne lui avoit échappé; profondément occupé de son sujet, il cherchoit également à tirer les moyens d'exécution de la nature des choses et des dispositions d'esprit, de la bizarrerie même des hommes qu'il vouloit déterminer à le seconder. Il avoit demandé des gendarmes pour garder sa plantation, mais il avoit exigé que leur surveillance ne s'exerçât que pendant le jour seulement; ce moyen eut tout le succès qu'il avoit prévu. Chaque nuit on voloit de ces tubercules, dont on auroit méprisé l'offre désintéressée, et *Par-*

mentier étoit plein de joie au récit de chaque nouveau larcin, qui assuroit, disoit-il, un nouveau prosélyte à la culture ou à l'emploi de la pomme de terre.

Il trouva un autre moyen d'associer à son entreprise les grands propriétaires et les hommes puissans, dont l'influence étoit nécessaire à l'exécution de son projet. Il obtint que Louis XVI porteroit à sa boutonnière une fleur de pomme de terre dans un jour de grande cérémonie; ce témoignage de l'intérêt que le Roi lui-même prenoit à ses travaux, lui attira bientôt des demandes nombreuses; chacun vouloit cultiver des pommes de terre dans ses domaines, chacun vouloit en faire servir sur sa table, et la culture de cette racine fit de si rapides progrès, qu'au commencement de la révolution elle servit puissamment à combattre la disette réelle ou factice dont on éprouva les funestes effets. Mais la pomme de terre alors si utile à la France, faillit devenir fatale à *Parmentier;* lors des élections populaires il fut refusé dans les assemblées : « Ne lui » donnez pas votre voix, crioient les orateurs; » il ne nous feroit manger que des pommes de » terre, c'est lui qui les a inventées. »

Il étoit difficile alors qu'un homme que le

Roi avoit honoré de ses bontés particulières, auquel il destinoit le cordon de Saint-Michel, et dont il vouloit, disoit-il, lire les ouvrages de préférence à tous ceux qui lui étoient offerts; il étoit difficile qu'un pareil homme conservât ses emplois; en effet *Parmentier* perdit toutes les places qu'il occupoit, et pour le soustraire à un sort plus rigoureux encore, quelques amis parvinrent à obtenir qu'il seroit chargé de rassembler dans le midi de la France les médicamens nécessaires pour les pharmacies militaires. Il partit pour cette expédition, mais bientôt sa coopération devint nécessaire pour le service des hôpitaux militaires. Il fut rappelé à Paris, et dans ce nouveau séjour, les divers travaux dont il fut chargé par le Gouvernement devinrent si multipliés, que tous ses momens suffisoient à peine pour les exécuter. En effet, tandis qu'il s'occupoit à-la-fois de la préparation du biscuit et de la salaison des viandes pour le service de la marine, qu'il faisoit retirer 15 livres de son par quintal de farine employée dans la fabrication du pain des troupes, et assuroit ainsi au soldat la fourniture journalière d'un pain plus substantiel et plus salubre; il contribuoit à l'établissement des soupes aux légumes, et rédigeoit des instructions pour pratiquer l'assainissement des hôpitaux. Et tandis qu'il remplissoit les fonctions de membre du Conseil de Santé des armées, de président du Conseil de Salubrité de Paris, et de membre du Conseil général des Hospices, il publioit un Code pharmaceutique pour régler et améliorer les préparations médicamenteuses employées dans ces établissemens.

Mais ces occupations ne suffisoient pas encore à son activité; il a travaillé à la rédaction de tous les principaux ouvrages d'économie rurale publiés de son temps, tels que le *Cours complet d'Agriculture* de *Rosier*, la nouvelle édition d'*Olivier de Serres*, le *Dictionnaire d'Agriculture* et celui d'*Histoire Naturelle*. Les articles qu'il a insérés dans ces divers ouvrages n'en sont pas le moindre ornement, et ils ont contribué à mériter à leur auteur ce haut degré d'estime et de renommée que son nom avoit acquis chez l'étranger. A l'époque du traité d'Amiens, lorsque *Parmentier* et *Huzard* se présentèrent à Londres, comme envoyés par la Société d'Agriculture de Paris, pour reprendre des relations amicales avec les savans anglais et rétablir des correspondances instructives qu'une guerre funeste devoit bientôt suspendre encore, nos deux célèbres collègues furent reçus avec des témoignages d'empressement et de considération personnelle qui justifioient le choix dont ils avoient été l'objet.

Chez un peuple actif et industrieux les privations deviennent souvent une source féconde de prospérité jusqu'alors méconnue; des exemples nombreux justifieroient cette assertion, s'il m'étoit permis de tracer ici l'histoire de notre industrie rurale et manufacturière, pendant le laps de temps où le système désastreux d'une guerre sans frein et sans bornes, nous a privés de tout commerce extérieur. On verroit sans doute avec intérêt les efforts heureux du génie des arts qui crée des moyens nouveaux et qui produit sur le sol même de la France ces étoffes de tout genre, ces machines ingénieuses, ces matières colorantes, ces animaux et ces plantes exotiques, ce sucre enfin, superflu devenu pour nous si nécessaire, et que nous semblions devoir être condamnés à ne recevoir jamais que comme tributaires de l'étranger, ou esclaves d'un monopole ruineux.

Parmentier a servi éminemment son pays dans cette circonstance mémorable. M. *Proust* avoit déjà prouvé que le jus de raisin, convenablement préparé et concentré, pouvoit fournir un sirop sucré; mais son mémoire, publié depuis quelques années dans le *Journal de Physique*, n'étoit encore regardé que comme l'indication d'un procédé chimique intéressant. Il ne m'appartient pas de décider s'il fut connu de *Parmentier*, ou si lui-même inventa les moyens dont il se servit dans la suite pour opérer en grand cette fabrication, et si l'on peut en trouver les élémens dans les recherches qu'il avoit déjà faites sur les raisinés, le moût cuit, et les conserves de raisin. En économie rurale et domestique, les moyens employés pour propager une découverte, ne sont ni moins difficiles à trouver, ni moins dignes d'estime que l'invention elle-même. Quoi qu'il en soit, *Parmentier* apprécia de tel avantage la fabrication générale du sirop de raisin pouvoit être pour la France, et il consacra dès-lors son temps, sa plume, son crédit, son argent, à répandre la connoissance des meilleurs procédés qu'il avoit pu trouver ou recueillir pour assurer le progrès de cette fabrication. Ses efforts multipliés furent couronnés de succès, et déjà le sirop de raisin étoit connu et fabriqué dans tous les pays vignobles ; déjà il étoit devenu d'un usage habituel, particulièrement dans les parties méridionales, lorsque le sucre de betterave, plus analogue au produit de la canne, et qui n'enlève aucune ressource ni à notre commerce, ni à notre consommation, suspendit les grandes fabrications de sirop de raisin; mais le procédé reste connu et pratiqué dans les ménages; le sirop de raisin sera toujours, dans beaucoup de pays, le sucre du pauvre, et l'idée de cette destination immuable, que *Parmentier* avoit prévue, étoit la plus douce récompense de ses longs travaux.

La propagation du sirop de raisin fut le dernier travail de *Parmentier*; il étoit plus que septuagénaire lorsqu'il l'entreprit; déjà il étoit affecté de la maladie de poumons qui, peu d'années après, devoit lui devenir si fatale; mais à cette époque il n'avoit encore rien perdu de son activité; et il eut besoin d'en déployer plus que jamais pour suffire aux expériences variées qu'il répétoit, aux sollicitations qu'il multiplioit pour obtenir l'appui du Gouvernement, et à l'immense correspondance qu'il avoit entreprise pour encourager et instruire tous ceux à l'aide desquels il espéroit rendre une bonne méthode populaire. Il obtint le résultat qu'il pouvoit attendre de son entreprise; presque tous les pharmaciens de la France se prêtèrent à seconder le projet du vénérable *Parmentier*, que, sous tant de rapports, ils regardoient comme leur chef et comme leur modèle. L'introduction du sirop de raisin devint générale dans les hôpitaux militaires et dans une grande partie des hospices civils ; elle occasionna une économie notable dans la dépense de ces établissemens d'humanité, et procura de nouveaux moyens de fournir des préparations médicamenteuses qu'on regrettoit de ne pouvoir administrer dans un grand nombre de maladies.

Ce sont ces résultats généraux applicables aux objets de l'intérêt le plus pressant pour les hommes, les subsistances et les médicamens, que *Parmentier* avoit pris pour but de tous ses travaux. Il étoit doué d'un tact exquis pour apprécier, dès l'origine d'une découverte, son utilité future, et pour trouver les moyens les plus sûrs de rendre cette utilité commune.

La propagation de la pomme de terre dans l'état où ses efforts avoient réussi à la porter, fait trouver maintenant sur les jachères de la France, une masse de substance alimentaire égale au dixième du produit de nos céréales ; par la mouture économique il rendoit à la nourriture des hommes un sixième de plus de la farine contenue dans le grain, cette farine étoit jadis abandonnée aux animaux ; enfin, par la substitution du sirop de raisin à celui de sucre, il diminuoit de moitié la dépense faite pour la matière sucrée nécessaire aux préparations pharmaceutiques dans les hôpitaux.

Peu d'hommes ont été assez heureux pour rendre à leur pays des services aussi importans. Un ardent amour pour l'humanité étoit le génie qui inspiroit *Parmentier;* dès qu'il voyoit du bien à faire ou des services à rendre, il s'animoit, les moyens d'exécution se présentoient en foule à son esprit, et ne lui laissoient pour ainsi dire plus de repos; il sacrifioit tout pour satisfaire cette passion; il interrompoit les études qu'il aimoit le mieux pour s'employer en faveur des infortunés; sa porte étoit ouverte à toutes les sollicitations, et pour concilier ses travaux littéraires avec cette facilité qui dérobe des heures si précieuses à l'homme occupé, il étoit tous les jours au travail à trois heures du matin, et s'assuroit seulement ainsi quelques momens de solitude. Tout devenoit pour lui un moyen de satisfaire son goût dominant pour la bienfaisance; il ne laissoit échapper ni un moment essentiel, ni une occasion. La frugalité et l'économie étoient essentiellement dans ses goûts, et cependant sa table étoit toujours abondam-

ment servie; il y réunissoit souvent ceux qui lui demandoient des services et ceux par le moyen desquels il espéroit pouvoir les leur faire accorder. Il avoit voulu en faire un bureau de bienfaisance active, et il s'applaudissoit de l'emploi constant de ce moyen. « Quand je
» considère, disoit-il, tous les services que j'ai
» pu rendre par cette méthode, je suis tenté
» de faire des remercîmens à ma table, comme
» *Sédaine* en adressoit à son habit; elle m'a
» prouvé qu'il ne falloit pas être très-riche
» pour être souvent utile. »

Parmentier portoit le désir du bien à un excès qui devenoit quelquefois condamnable; pendant ses dernières années sur-tout, il supportoit avec impatience, et il blâmoit avec trop peu de ménagemens les mesures administratives qu'il jugeoit désastreuses, soit par rapport aux subsistances, soit par rapport aux hôpitaux; il avoit paru dans ces derniers temps morose et frondeur. Le désir si vif qu'il avoit d'obliger, lui inspiroit une défiance de ses moyens qui lui faisoit quelquefois accueillir avec quelque rudesse les solliciteurs qui s'adressoient à lui pour des objets qui n'étoient pas de sa compétence; mais le service réclamé ne sortoit pas de sa mémoire, ce souvenir le poursuivoit jusqu'à ce qu'il eût pu obtenir ce qu'on lui avoit demandé ; et souvent l'homme qui s'étoit retiré d'auprès de lui certain de n'avoir pas son appui, recevoit peu de jours après la grâce sur laquelle il ne comptoit plus, et que *Parmentier*, plein de joie, venoit lui apporter lui-même.

Cette disposition à la morosité, qu'on a pu remarquer dans *Parmentier*, et qui seroit sans doute le seul reproche dont il fût susceptible, s'étoit accrue pendant la longue maladie qui termina sa carrière, maladie dont il apercevoit les progrès successifs et dont le terme fatal étoit toujours devant ses yeux. Les maux qu'il éprouvoit le mettoient souvent dans l'impuissance d'employer pour l'exécution de ses projets de bien public, des momens qui devenoient d'autant plus précieux pour lui que leur nombre devoit être plus limité. Il venoit de perdre une sœur, modèle de toutes les vertus philanthropiques, et qui avoit toujours été en communauté avec lui de toutes ses bonnes actions. Il sentoit que dès-lors sa tâche étoit doublée; et ses forces physiques ne suffisant plus aux devoirs qu'il s'étoit imposés, il redoubloit d'efforts moraux ; à ses derniers momens il dictoit encore à ses deux neveux les conseils qu'il vouloit donner à ses nombreux correspondans; il cherchoit à exciter leur émulation, à porter leur activité sur les travaux les plus dignes d'intérêt; il leur traçoit la route qu'il se seroit proposé de suivre lui-même : « Ne pou- » vant plus travailler, disoit-il, je voudrois » faire l'office de la pierre à aiguiser, qui ne » coupe pas, mais qui dispose le fer à couper. » La mort seule put mettre fin à ce zèle ardent qu'aucun obstacle n'avoit pu rallentir. *Parmentier* mourut à l'âge de soixante-dix-huit ans, le 13 décembre 1813; sa mort, bien qu'elle eût été dès long-temps prévue, n'en fut pas moins douloureuse pour tous ceux qui avoient connu ce philanthrope vénérable; elle sera un objet de longs regrets pour tous les amis de *Parmentier*, pour les agronomes de tous les pays, et pour la France entière, dont il avoit si éminemment contribué à accroître les richesses rurales.

Imprimerie de Madame HUZARD (née VALLAT LA CHAPELLE).
Juillet 1815.

www.ingramcontent.com/pod-product-compliance
Lightning Source LLC
Chambersburg PA
CBHW060859050426
42453CB00011B/2041